48 (1er au 5 février)
1er février 1848.

CATALOGUE

D'UNE NOMBREUSE COLLECTION

D'ESTAMPES ET DESSINS

ANCIENS,

DES MAITRES DE TOUTES LES ÉCOLES,

DE PORTRAITS

de Personnages français et de tous les autres Pays,

AU NOMBRE DE PLUS DE 30,000,

d'une série d'Estampes de Peintres et Graveurs français,
de la fin du XVIII° siècle,

DE TABLEAUX

ET PORTRAITS HISTORIQUES,

ET DIVERS OBJETS DE CURIOSITÉ, MARBRES ET TERRE CUITE,

Provenant du Cabinet de M. VILLENAVE,

DONT LA VENTE SE FERA, PAR SUITE DE SON DÉCÈS,

Le Mardi 1er Février 1848, et les quatre jours suivants,

HEURE DE MIDI,

EN SON DOMICILE

RUE DE VAUGIRARD, N° 84,

Par le ministère de M° FROSMONT, Commissaire-Priseur,
rue du Dauphin, 10,

Et son confrère M° MICHON, rue Louis-le-Grand, 27,

Assistés de M. DEFER, ancien marchand d'Estampes,
quai Voltaire, 19.

Et de M. THÉRET père, expert, rue des Saint-Pères, 38,

Chez lesquels se distribue le présent catalogue.

EXPOSITION PUBLIQUE

Les Dimanche 30 et Lundi 31 Janvier, de midi à cinq heures,
et le matin de chaque vacation, de 10 heures à midi.

Exemplaire de Beaudeley frère

PARIS

IMPRIMERIE ET LITHOGRAPHIE DE MAULDE ET RENOU,
Rue Bailleul, 9 et 11, près du Louvre.

1848

AVERTISSEMENT.

La Collection, dont la vente nous est confiée, a été formée dans le but historique de réunir une vaste iconographie française depuis les premiers temps de la monarchie jusqu'au temps présent, et aussi une histoire de l'art en France. Cette Collection se compose de plus de 20,000 portraits; une partie s'y trouve classée sous les noms des graveurs, parmi lesquels on remarque *Léonard Gaultier*, *Thomas de Leu*, *Michel Lasne*. Les suites des *Montcornet*, *Boissevin* et *Daret*, et quantité de morceaux de graveurs français des seizième et dix-septième siècles qui forment la deuxième partie du catalogue, décrite sous les numéros 261 à 407, à laquelle se trouvent joints les portraits étrangers du n° 408 à 440.

La première partie est composée de *tableaux, portraits historiques, dessins et estampes* qui représentent l'art en France et dans les autres pays, ces divers objets décrits du n° 1 à 260; aussi d'une collection topographique, des villes de France du n° 458 à 468, et des objets de curiosités ayant aussi un caractère historique.

Le nombre de pièces étant souvent considérable dans chaque lot, il pourra être divisé selon que l'intérêt de la vente semblera le demander. Nous ne l'avons pas annoncé à chaque article, pour éviter une redite continuelle.

ORDRE DES VACATIONS.

1re VACATION, ~~Lundi 14 Juin~~ *Mardi 1er février*

Dessins encadrés . . . . n° 27 à 54.
Tableaux . . . . 1 à 26.
Curiosité . . . . 477 à 516.

2me VACATION, ~~Mardi 15 Juin~~ *Mercredi 2 février*

Dessins encadrés . . . . n° 56 à 82.
Dessins en feuilles . . . . 83 à 151.

3me VACATION, ~~Mercredi 16 Juin~~ *Jeudi 3 février*

Estampes et dessins . . . . n° 152 à 219.
Estampes de l'école française . . 220 à 243.

4me VACATION, ~~Jeudi 17 Juin~~ *Vendredi 4 février*

Peintres et graveurs étrangers n° 244 à 260.
Portraits par des graveurs français 261 à 319.
Topographie . . . . 458 à 470.
Estampes diverses . . . . 471 à 476.

5me VACATION, ~~Vendredi 18 Juin~~ *Samedi 5 février*

Portraits français et étrangers n° 320 à 457.

La vente de la nombreuse bibliothèque de M. VILLENAVE suivra immédiatement celle de objets d'art.

Conditions de la Vente.

Elle sera faite au comptant.
Les adjudicataires paieront en sus des adjudications, 5 pour cent applicables aux frais.

DÉSIGNATION SOMMAIRE.

TABLEAUX.

1 — *Van Eyck.* Philippe le Bon, duc de Bourgogne. Curieux tableau sur bois.
2 — *Du même.* Jean, duc de Bourgogne.
3 — *Holbein.* Portrait de Thomas Morus. Tableau sur cuivre.
4 — Portrait d'un personnage du quinzième siècle. Curieux tableau sur bois; un monogramme inconnu se voit en haut à droite.
5 — Ancien portrait de femme du seizième siècle, présumé la belle Féronnière. Dans le haut de ce curieux tableau, l'écusson aux trois fleurs de lis et la date de 1544; il est sur bois.
6 — Tête de la belle Féronnière. Ancien tableau.
7 — Portrait de Rabelais. Ancien tableau.
8 — *Janet.* Portrait d'homme. On lit sur le tableau: *Lndovicus Sammarthanus Scævolæ* F. 1624. An. Æ. 52.

9 — *École française.* Messire Martin Ruzé, chevalier de Beaulieu, âgé de 83 ans.
10 — Portrait de Henri IV.
11 — Tableau sur cuivre représentant saint François de Sale, évêque de Genève.
12 — Portrait de Madame de Montespan.
13 — *Perrault 1715.* Portrait de Cromwell.
14 — *Mignard.* Portrait de Colbert.
15 — *Du même.* Portrait de Madame de Sevigne. Ce portrait intéressant est celui qui a servi pour lithographier dans l'iconographie française, publiée par la maison Delpech.
16 — *Du même.* Portrait de Madame de la Vallière.
17 — *Philippe de Champagne.* Portrait d'Arnauld.
18 — *Lefebvre.* Portrait de Turenne.
19 — *Rigaud.* Portrait de Louis Dauphin.
20 — *Miniature.* Portrait de Louvois.
21 — *Claude le Lorrain* (attribué à). Riche paysage de style; à droite un beau massif d'arbres, à gauche un lointain en avant duquel est un pont conduisant à des ruines; au premier plan deux figures. Bon tableau d'une couleur chaude et dorée.
22 — *Grimaldi dit le Bolognèse.* Très beau paysage historique, rappellant le Guaspre Poussin auquel il a été attribué. Ce tableau a été gravé en Angleterre par *Goupy* sous le titre de *Castel Gandolpho.*

23 — *École française.* Le souper d'Auteuil.
24 — *Weughel.* Bussi Leclerc conduit le Parlement à la Bastille; époque de la Ligue.
25 — *École allemande.* Trois figures de saintes à mi-corps. Tableau sur cuivre.
26 — Un fumeur, genre de *Teniers.*

DESSINS ENCADRÉS.

École italienne.

27 — *Raphaël Urbin.* Composition de ce maître.
28 — *André del Sarte.* Tête de moine. Dessin au crayon.
29 — *André Sacchi.* Une tête à la sanguine.
30 — *Becafumi.* Etude, dessin à la plume au bistre.
31 — *Dominiquin.* Martyre de saint Etienne.
32 — *Zuccharo.* Réunion de seigneurs italiens du seizième siècle. Beau dessin à la plume lavé à l'indigo.
33 — *Du même.* Canonisation d'un saint.
34 — *Pordenon.* Christ présenté au peuple.
35 — *Mutien.* Saint Jérôme.
36 — *Manfredi.* Présentation au temple.
37 — *Carle Maratte.* Dessin à la sépia.
38 — *Ciro Ferri.* Un dessin.
37 — *Feti.* Assomption de la Vierge.
40 — *Ghezzi.* Dessin à la plume.
41 — *Grimaldi Bolognèse.* Dessin à la plume.

42 — *Proccacini*. Un dessin.
43 — *Tiepolo*. Etude d'homme à la sanguine.
44 — *Cambiaso dit le Cangiage*. Sainte Famille.

Ecole des Pays-Bas.

45 — *Echard*. Quatre dessins dans un même cadre.
46 — Un dessin à la plume. Scène familière.
47 — Un dessin.
48 — *Bibienna*. Dessin d'architecture.
49 — *Brauwer*. Intérieur d'une chambre hollandaise. Dessin au bistre.
50 — *Van-Bergen*. Mouton couché. Dessin colorié.
51 — *Quellinus*. Hersé et ses compagnes sortant du temple de Minerve.
52 — *Wouvermans*. Composition de ce maître représentant un mangée. Dessin à la plume.
53 — *J. Jordaëns*. Nativité.
54 — *Rottenhamer*. Deux dessins. Jugement de Paris et Neptune et Amphytrite.

Ecole française.

56 — Un cadre contenant quatre miniatures et dessins. François I*er* et sa femme, un Christ et saint Roch.
57 — *Scvin 1670*. Miniature représentant le tombeau de Gaston de Foix, duc de Nemours, tué à Ravennes en 1512. Cette curieuse et très belle miniature a un peu souffert.

58 — *Jean Goujon* (d'après). Un dessin par Bugny en 1647.
59 — *Lesueur*. Dessin au crayon et rehaussé.
60 — *Lesueur* (d'après). Résurrection du docteur Raymond.
61 — *Puget*. Une femme vue en pied tenant un vase. Dessin à la plume.
62 — *Bernard Picart*. Esther et Assuérus. Dessin lavé à l'encre, du cabinet de C. Boissi.
63 — *Perelle*. Deux dessins, paysages, à la plume et au bistre.
64 — *Du même*. Deux dessins à la plume.
65 — *Coypel*. Tête d'ange. Dessin à la sanguine.
66 — *Parrocel*. Deux batailles.
67 — *Boucher*. Nativité. Esquisse sur papier.
68 — *Desportes*. Un renard. Dessin colorié.
69 — Trois dessins par *Marillier* et *Leclerc*.
70 — Trois dessins par *Cochin*.
71 — *Houel 1775*. Trois figures pastorales.
72 — *Vien*. Adoration des bergers.
73 — *Vincent 1772*. Judas reçoit le prix de sa trahison.
74 — *Carême*. Danse de femmes. Dessin sur papier bleu rehaussé de blanc.
75 — Bouquet de fleurs à la gouache, par Mademoiselle *Beau Mari*, chanteuse à l'Opéra en 1772.
76 — *Lantara*. Paysage.
77 — *Sweback*. Un dessin à la plume et lavé.

78 — *Duplessis Bertaux.* Deux dessins à la mine de plomb, représentant des portraits de Racine, Boileau, Voltaire et autres littérateurs célèbres.
79 — *Denon.* Bataille en Egypte. Dessin.
80 — Paysage avec ruine. Gouache.
81 — Deux fixés paysages et une gouache.
82 — Un dessin indien colorié.

DESSINS EN FEUILLES.

École italienne.

83 — *Raphaël.* Deux hommes, les mains derrière le dos, qui se trouvent dans la descente des Sarrasins au port d'Ostie. Dessin à la sanguine.
84 — Un dessin à plusieurs crayons. Portrait de Paul III, pape, attribué au Titien.
85 — Cinq dessins par *César d'Arpino*, etc., dont Alexandre Farnèse.
86 — Cinq dessins à la plume au bistre et à la sanguine du *Guerchin.* Etudes pour un massacre des innocents.
87 — Neuf dessins, Cangiage, Carrache, Ribera, Benedetto, etc.
88 — Cinq dessins. Etude à la plume par A. Carrache, étude à la sanguine par Cantarini, etc.

89 — Trois dessins du Baroche. Etude de tête à plusieurs crayons, tête de satyre, étude pour une sainte Famille, etc.
90 — Huit dessins à la plume, au crayon et à la sanguine. Portraits de papes et autres personnages, par Léoni et autres artistes.
91 — Dix dessins à la plume et au bistro par Bibienna, Della Bella, etc.
92 — A à J. Soixante-cinq dessins : Albane, Bandinelli, Bassan, Bernin, Bolognèse, Cangiage, Campagnola, Cantarini, da Carpi, les Carrache, Chiari, Cignani, Cigoli, Cipriani, Ciro Ferri, Corrado, Corregio, Dominiquin, Fialetti, Gabianni, Franco, Giordano, Jules Romain, Guerchin, Guido Reni, Jolepin, etc.
93 — L à W. Laufranc, Lagno, Maratte, Michel-Ange (études à la plume), Mola, Parmesan, P. de Cortonne, Polidor, Pormerance, Primatice, Salimbeni, André del Sarto, Schidone, Testa, Tiépolo, Vani, etc.

Ecole des Pays-Bas.

94 — Cinq dessins par Rembrandt. Paysages. Abreuvoir d'animaux, Samson et Dalila, l'ange apparaît à Abraham, etc.
95 — Cinq dessins. Etudes au crayon et à la sanguine par Waterloo.
96 — Six dessins : Monpré, Van der Ulf, Schovaert, G. Van de Velde, etc.

97 — Trois dessins. Etudes de béliers et autres animaux par Berghem et Van der Does.

98 — Trois dessins au crayon. Etudes de moutons par Berghem.

99 — Huit dessins: André Both, Gonzalès Coques, Fokke 1718, Van Falens, etc.

100 — Huit dessins: Diepenbeck, Maës, Van der Meulen, Porbus, etc.

101 — Un dessin sur vélin par Mieris.

102 — Huit dessins: Bramer, Brauwer, Hermskerck, Vrogelinck, 1610, etc.

103 — Six dessins: Metzu, Greber 1627, Quellinus, Sallaert, etc.

104 — Quatre dessins, dont une tête par Holbein, et dessin d'un personnage flamand, 1603.

105 — Deux dessins. Tête de mort, dessin à la plume sur papier bleu par Albert Durer; Tête par Lucas de Leyde.

106 — Paysages, animaux. Huit dessins par Berestraeten, Roos, Bisschop, Hympel, Baudouin 1792.

107 — A à G. Trente-deux dessins: Asselin, Backuisen, Berghem, Bloemaert, Breemberg, Breughel, Diepenbeck, etc.

108 — L à W. Trente-trois dessins: Lairesse, Meyer, Miel, Molyn, Quellinus, Roos, Rubens, Rugendas, Teniers, Van der Meulen, Van Dyck, Van Goyen, Weirroter, etc.

École française.

109 — Un ancien dessin à l'aquarelle sur vélin. Portrait de Henri II.
110 — Vingt-huit dessins: Le Brun, Lesueur, Coypel, etc.
111 — Sept dessins. Etudes de têtes et portraits par Rigaud, Coypel, etc.
112 — Quatre dessins. Etudes et tête de femme par Rigaud, Parrocel et St.-Aubin.
113 — *Parrocel.* Douze dessins à la sanguine.
  Du même. Trente-trois dessins.

Dessins de Watteau.

114 — Deux dessins sur une feuille, tête d'homme et tête de femme, à plusieurs crayons. Joli dessin par Watteau.
115 — Un dessin, étude de jeune fille assise à terre. Etude à plusieurs crayons par Watteau.
116 — Un dessin, étude de femme en pied. Etude à plusieurs crayons.
117 — Un dessin, tête de jeunes garçons. Etude à la sanguine.
118 — Trois dessins à la sanguine. Jeux d'enfants et paysage par Watteau.
119 — Trois dessins à la sanguine et à plusieurs crayons par Watteau.
120 — Quatres dessins. Etudes de femmes, d'hommes et soldats, à la sanguine et au crayon par Watteau.
121 — Cinq dessins. Etudes d'homme et de Mezzetin à plusieurs crayons par Watteau.

122 — Cinq dessins. Etudes à divers crayons, école de Watteau.
123 — Deux dessins lavés à l'encre et rehaussés, par Pierre, le Sicilien et don Japhet d'Arménie.
124 — Vingt-neuf dessins. Eisen, Fragonard, Fachot, etc.
125 — Etudes diverses par Ango, et études d'architecture par Roubo.
126 — Treize dessins par Robert.
127 — Dix-neuf dessins, par Bouchardon et Roettiers.
128 — Cinq dessins. Sainte Famille, par Oudry; Perrette et le pot au lait, par Suché, en 1777, et divers costumes, etc.
129 — Trois dessins, par Le Paultre et Moitte, 1781.
130 — Deux dessins à la sanguine, par Théaulon. Femmes couchées.
131 — Seize dessins. Largillière, Boucher, Saint-Aubin, Aubry, etc.
132 — Vingt dessins. Portraits au crayon, par Pujos, Cochin, etc.
133 — Cinquante et un dessins. Etudes académiques à la sanguine et au crayon, par Verdier.
134 — Deux dessins à plusieurs crayons. Têtes de jeune garçon, par Lépicié et Courtin.
135 — Seize dessins. Cochin et autres artistes.
136 — Un portefeuille, contenant quarante grands dessins de Lafage, Larue et autres maîtres français au dix-huitième siècle.

137 — A à F. Vingt-trois dessins. Bertaux, Bouchardon, Bourdon, Brebiette, Callot, Coypel, Echard, etc.
138 — Sept dessins. Etudes de têtes à plusieurs crayons.
139 — Quinze dessins au crayon. Portraits de femmes, par Jeaurat et autres artistes du dix-huitième siècle.
140 — Cinq dessins. Portraits, dont celui de Francklin, etc.
141 — Sept dessins et esquisses. Portraits historiques.
142 — Huit dessins. Personnages divers des dix-septième et dix-huitième siècles.
143 — Dix-huit dessins. Portraits à plusieurs crayons, lavés à l'encre, etc.
144 — Vingt-cinq dessins à la plume et à la sanguine. Portraits du pape Pie VII, de Canova, etc.

DESSINS PAR DIVERS ARTISTES.

145 — Vingt et un dessins par divers artistes. Paysages et marines, lavés à l'encre, et à plusieurs crayons.
146 — Un portefeuille contenant quarante-huit dessins au crayon, à la plume, etc. Paysages, sujets, têtes, etc.

147 — Costumes par Vincent; dessins par Delobel, etc. Plusieurs dessins dans un portefeuille.

148 — Un volume in-folio contenant cent vingt pièces. Etudes d'arabesques et d'ornements de tous genres, à l'encre, au bistre et coloriées, dans le goût de Perin del Vage, Jean d'Udine, Berain, Le Paultre, Lavallée-Poussin, etc.

149 — Un volume de dessins, études de figures, paysages, bas-reliefs antiques, par divers artistes du siècle dernier.

150 — Un portefeuille contenant cent vingt-cinq dessins, vues et monuments de Rome et autres villes d'Italie, par A. Carrache, S. Bourdon, Chancourtois, Châtelet, Natoire, Robert, Valencienne, Lavallée-Poussin, etc.

151 — Deux petits portefeuilles contenant l'un quarante-huit, l'autre quatre-vingt-trois dessins de divers maîtres.

Répertoire d'Artistes français et étrangers de toutes les Écoles, Peintres, Graveurs, Sculpteurs et Architectes. Estampes gravées par eux et d'après eux, et dessins qui leur sont attribués; classés alphabétiquement et dans des boîtes.

Ecole française.

152 — A. Boîte contenant cent trente-six estampes. Les Audran, Aliamet, Aveline, d'Agincourt, Auroux, etc.

153 — B. Boîte n. 1. Cent quatre vingt douze estampes et dessins. Berain, Baptiste, Benard et Bertaux, etc.

154 — B. Boîte n. 2. Soixante-treize pièces. Vases, statues, etc., d'après Bouchardon, par de Caylus.

155 — B. Boîte n. 3. Deux cent soixante estampes et dessins, dont par Boucher cent soixante-douze et trois dessins, son éloge et sa vie. — Par Bon Boulogne, Boulanger, Bourdon, Bounicu, Brebiette, Breteuil, Briard, Brenet, etc., etc.

156 — c. Boîte n. 1. Deux cent soixante pièces, par et d'après Callot, Caresme, etc., et quelques dessins.

157 — c. Boîte n. 2. Deux cent soixante-cinq estampes et dessins. Cazes, Chalgrin, Caylus, cent trente pièces; Champagne, Chaperon, Chanteau, Chardin, Chauveau, etc.

158 — c. Boîte n. 3. Jean Cousin, Coustou, les Coypel et quantité de vignettes des Cochin, et quelques dessins.

159 — c. Boîte n. 4. Cent vingt estampes et dessins. Chauveau, suite des Métamorphoses d'Ovide; Clermont, Clérisseau, Chedel, etc.

160 — D. Boîte n. 1. Cent dix-sept pièces, estampes et dessins d'André Bardon, Desfriches, d'Orléans, Dehays, Demarne, etc.

161 — D. Boîte n. 2. Cent quarante estampes et dessins. Dieu, Drouais, Drolling, Duvivier, etc.

162 — E. F. Boîte. Deux cent quatre-vingts estampes et dessins, Edelinck, Eisen, un grand nombre de vignettes; Favanne, Fragonard, vingt-trois pièces; Fessard, Flippart, Forty, etc., etc.

163 — G. Boîte n. 1. Cent trente estampes et quelques dessins. Léonard Gaultier, Jean Goujon, Gillot, etc.

164 — G. Boîte n. 2. Gravelot. Huit dessins et quantité de vignettes d'après lui; Greuze, vingt-quatre pièces, dessins et estampes; Guerin, Grivaud de la Vincelle, etc.

165. — H. Boîte n. 1. Deux cent vingt estampes et dessins. Hutin, Hilaire, Huquier, Huet, Houasse, etc.

166 — I. J. K. Boîte. Estampes et dessins. Julien, Jeaurat, Janinet, Kindinger, dessin de Jouaillerie, Joullain, divers catalogues de lui.

167 — L. Boîte n. 1. Deux cents estampes et dessins. Lancret et son éloge; Lallemand, vingt-cinq dessins; La Live de Jully, La Joue, Lagrenée, La Hyre, La Haye, Lafage, Lafosse, Laferté, etc.

168 — L. Boîte n. 2. Deux cent vingt-huit estampes et dessins. Larue, soixante-trois dessins; Lavallée-Poussin, Lavaux, Le Bas, Le Barbier, Lawreince, La Vieuville, etc.

169 — L. Boîte n. 3. Cinquante pièces, d'après Le Brun, dont les quatre heures du jour, à l'eau-forte; Leclerc, cent pièces environ des Métamorphoses d'Ovide et quelques dessins.

170 — L. Boîte n. 4. Deux cent trente-cinq estampes. Lesueur, Loir, Le Paultre, Le Paon, Lemoine, Lelu, Legillon, Leclerc, Leprince, Levachez, etc.; plus quinze dessins de ces divers maîtres.

171 — M. Boîte n. 1. Deux cent soixante-quatorze estampes et dessins. Mauglard, Mariette, Marot, Maupérché, Masson, Mariller, Machy, etc.

172 — M. Boîte n. 2. Trois cent deux estampes et dessins. Monnet, Moitte, Michau, Moreau le jeune, etc.

173 — N. O. Boîte n. 1. Estampes et dessins de Nanteuil, Natoire, Norblin, Oudry, Ozanne, etc.

174 — P. Boîte. Cinquante-sept estampes et dessins. Patel, Parrocel, Paillot, Paris, Payen, Parizeau, Patte, Pauquet, etc.

175 — P. Boîte n. 2. Deux cent cinquante estampes et dessins. Peyron, cent cinq dessins, quatre eaux-fortes et le catalogue de sa vente. Pérignon, Jean et Bernard Picart, Picot, Péchoux, etc.

176 — P. et Q. Boîte n. 3. Cent cinquante estampes et dessins. Poussin, Puget, Pierre, Ville-

ment, Prud'hon, etc., et cinquante-quatre pièces par Queverdo.

177 — R. Boîte n. 2. Cent vingt-neuf estampes et dessins. Regnesson, Rabel, Rivalz, Rigaud, Rousselet, Restout, etc.

178 — S. Boîte. Trois cent vingt estampes et dessins. Subleyras, Slodtz, Silvestre, Sablet, Saint-Non, Salembier, Saint-Aubin, etc.

179 — T. Boîte. Cent douze estampes et dessins. De Troy, Tremolière, Thomassin, Théaulon, Taunay, Tardieu, etc.

180 — W. Boîte n. 1. Cent douze estampes et dessins. Wille père, des eaux-fortes et quelques dessins, et Wille fils, quelques dessins; Vicar, de Wailly, Watelet, quarante-deux estampes et dix dessins.

181 — W. Boîte n. 1. Quatre vingts gravures d'après Watteau.

182 — W. Boîte. Cette boîte renferme des notes imprimées et manuscrites sur divers peintres, sculpteurs, architectes et graveurs; académies, etc.

PEINTRES ÉTRANGERS.

École italienne.

184 — B. Boîte. Estampes et dessins. Bandinelli, Buonaroti (Michel-Ange), Bibienna, Della Bella, etc.

185 — c. Boîte. Les Carrache, cent dix pièces, estampes et dessins; Corrége, Caravage, Cigoli, Calabrése, etc. Cent trente-trois pièces, estampes et dessins.
186 — G. Boîte. Guido Reni, dix-neuf dessins et trente-quatre eaux-fortes de lui et son école; Guerchin, Ghezzi, etc.
187 — A à z. Cent quatre vingts pièces, dont un grand nombre d'après Raphaël, Vasari, etc., et plusieurs dessins.

Ecole des Pays-Bas.

188 — B. Quatre-vingts pièces gravées par et d'après Berghem, Bloemaert, etc. — Quelques dessins attribués à ces maîtres.
189 — B. Quatre-vingts pièces gravées, d'après Paul Brill, Bol, Breughel, etc. — Quelques dessins de ces maîtres.
190 — c. Vingt-cinq pièces gravées, d'après Cuyp, Crayer, Cort, et quelques dessins.
191 — D. Cinquante-six pièces, d'après Duncker, Dusart, et quelques dessins.
192 — E. F. G. H. J. Cent pièces gravées, d'après Glauber, Fouquier, Franck, Van Goyen, Jordaens, etc. — Quelques dessins.
193 — F. *Flamen.* Dix eaux-fortes, oiseaux, et seize dessins, paysages, vues de châteaux.
194 — K. Kobell. Dix-neuf paysages à l'eau-forte, et soixante-dix-sept dessins.

195 — L. Trente pièces gravées par et d'après Latsman, Lombart, Livens, etc., et quelques dessins.

196 — M. Quarante-cinq pièces gravées, d'après Metzu, Mieris, Miel, etc., et quelques dessins.

197 — P. Quarante-neuf pièces gravées, d'après Nestcher, Poelemburg, Quellinus, etc. — Quelques dessins attribués à ces maîtres.

198 — R. Soixante-cinq pièces par et d'après Rembrandt et Rubens. — Quelques dessins attribués à ces maîtres et leurs écoles.

199 — R. Cinquante-quatre pièces gravées par Reclam, Ridinger, etc. — Dessins de Ruisdaël, Rugendas, Rooz.

200 — S. Quatre-vingt-douze pièces gravées par les Sadeler, Seeman, Savry, Schenck, etc. — Dessins par Savry, Saftleven, etc.

201 — T. Cinquante-quatre pièces, d'après Téniers, Thulden, Troost, etc. — Quelques dessins au crayon par Téniers.

202 — V. Cent vingt-sept pièces gravées par et d'après Van Ostade, Van Kessel, Van der Meulen, Van der Ulft, Van der Néer, Van Dyck, et plusieurs dessins de ces maîtres.

203 — V et W. Cent huit pièces, par et d'après Waterloo, de Wael, Verschuring, de Vos, et quelques dessins.

204 — V. et W. Cent quarante pièces, par et d'a-

près Weirotter, Th. Wyck, et quelques dessins.

205 — v. et w. Soixante-dix pièces, d'après Ph. Wouwermans, et aussi des artistes inconnus.

206 — y. z. Quarante pièces, estampes et dessins, par Zeeman, Zing, etc.

207 — *Ecole allemande, flamande et hollandaise.* Deux cent trente-six pièces par divers artistes, de la lettre A à la lettre v.

208 — Quarante-trois dessins de ces mêmes artistes.

209 — *Ecole allemande et flamande.* Cent quarante-huit estampes et dessins. Mander, Meyssein, Sadeler, etc.

SUPPLÉMENT AUX DIVERSES ÉCOLES.

ESTAMPES ET DESSINS.

210 — A à L. Cent pièces. Boticelli, Giordano, Gabiani, Fialetti, Guinta Pisano, etc. De ce nombre, cinquante-sept dessins, dont deux anciens sur vélin, attribués à Boticelli et Pisano, provenant du cabinet La Goy.

211 — D. Trente-huit pièces gravées d'après le Dominiquin, et quelques dessins.

212 — M. Quatre-vingt-onze pièces. Murandi, Mutiano, Maratte, etc. De ce nombre, quarante-sept dessins.

213 — N à P. Cent soixante-quatre pièces. Passaroti, Pomerance, Palme, Parmesan, Parigi, Panini, etc. De ce nombre, cinquante-deux dessins.

214 — R. Soixante-onze pièces d'après Raphaël, et quinze dessins. — Quarante-trois pièces d'après Raimondi, Rosa, Rusconi, etc., dont quinze dessins.

215 — s. Soixante-deux pièces. Salembeni, Schidone, Spada, etc. De ce nombre, quinze dessins.

216 — T. Cent quatre-vingt-douze pièces. Titien, Tintoret, Tiepolo, Tempette, Testa, Tassi, etc. De ce nombre, vingt-cinq dessins.

217 — V à z. Soixante-quatre pièces, d'après Vasari, Vanni, Vacaro, Véronèse, Villamena et Zucchero. De ce nombre, vingt et un dessins.

218 — *Ecole française.* Peintres et graveurs, de la lettre A à z. Cent cinquante pièces gravées par et d'après divers maîtres. De ce nombre, cinquante-sept dessins.

219 — *Peintres et graveurs anglais.* Soixante-dix-neuf pièces, dont quelques dessins.

ESTAMPES GRAVÉES

D'APRÈS DES PEINTRES ET PAR DES GRAVEURS FRANÇAIS
DU XVIe ET XVIIIe SIÈCLE.

220 — *Léonard Gaultier.* Les Cyclopes, gravés d'après Jean Cousin, en 1581. Rare.

221 — *Ecole française.* Six pièces gravées par Pesne dont Saphire, avant l'adresse, autres par Pitau, Baudet, etc.

222 — *Oudry.* Deux chasses à l'eau-forte; n. 3 et 4 du Catalogue. Epr. avant les numéros.

223 — Ornements, arabesques, plafonds, etc., d'après Bérain, par Dolivar et d'Aigremont.

224 — Ornements arabesques. Treize pièces par *Gillot.*

225 — *Ecole française.* Brebiette, Baptiste, Coypel, etc. Dix-huit pièces.

226 — *Ecole française, dix-huitième siècle.* Dix-sept pièces, d'après Coypel, Lancret, Eisen, Cochin, Le Bas et Watteau.

227 — Trente-six pièces d'après Raoux, Grimoud, Ch. et N. Coypel, Beauvais, Baudouin, Courtin, Caresme, Santerre, Saint-Aubin, Alloux, Restout, etc.

228 — Place Maubert et les halles de Paris; portraits de Desporte, de La Roque et Danval, de la Comédie française. Cinq pièces d'après Watteau, Lancret, Jeaurat et Desporte.

229 — Grandes fêtes chinoises. Six pièces d'après Boucher.

230 — Sujets gracieux d'après Aubert, Jeaurat, S. Leclerc, Lunaud, J. de Lyon, Le Prince, De Troye, Dumesnil, Metay, Moreau le jeune, Falconet, Nicolet, Bertaux, etc. Trente-cinq pièces.

231 — *Prud'hon.* L'adresse de Merlen, graveur de pierres fines, et l'adresse de V. Merlen, orfèvre. Ces deux pièces gravées par Roger. Très rare.

232 — *Ecole française.* Soixante-dix estampes, sous la lettre L.

233 — Quinze pièces d'après Lancret.

234 — Quatre-vingt-quatorze pièces, de la lettre L à O.

235 — *Chardin.* Dix-neuf pièces d'après ce maître.

236 — Douze pièces d'après Chardin et Paterre.

237 — *Chevillet, graveur au burin.* La Marchande d'oranges, Réprimande maternelle, la jeune Anglaise, Eugénie, etc. Soixante-sept pièces d'après Baader, Peters, etc. —*Du même.* Portrait de Chardin, du duc de Chartres, etc.

238 — *Wille.* Le petit Ecolier et la Maîtresse d'école, deux pièces d'après Schenau ; la Tante de Gérard Dow, d'après ce maître. Trois pièces, la dernière avant la lettre.

239 — *Ecole française, dix-septième et dix-huitième siècles.* Trente et une pièces.

240 — Mœurs, costumes et scènes diverses de la Chine. Trois cents pièces gravées d'après Watteau, Boucher, Pillement, Saint-Aubin, etc., etc.
241 — *École française au dix-huitième siècle.* Vingt et une pièces.
242 — *École française.* Cent neuf pièces.
243 — Daphnis et Chloé, d'après M. Hersent, par M. Laugier.

ESTAMPES

D'APRÈS DES PEINTRES ET PAR DES GRAVEURS ÉTRANGERS, ITALIENS, ALLEMANDS, FLAMANDS ET HOLLANDAIS.

244 — *École italienne.* Vingt-six pièces d'après les Carrache, Albane, C. Maratte, etc., etc.
245 — Vingt-six pièces d'après Titien, Tintoret, P. Véronèse, etc.
246 — Sainte-Famille. Deux pièces d'après le Corrège.
247 — Christ mort, de Ribera, et deux pièces, par Le Padouan et Galestruzi.
248 — *Morghen.* La Vierge et l'Enfant Jésus, d'après Rubens. Épreuve avant la lettre.
249 — *École flamande.* La vache qui s'abreuve, la bergère à cheval, par *Berghem;* une pièce de la suite des satyres, par *Sua-*

newelt; le violon assis et la fête du village, par *Du Sart.* Quatre pièces à l'eau-forte.

250 — *Van Haeften.* Trois paysans à une croisée : deux tiennent chacun une pipe, le troisième un verre; sur la muraille un chapeau. Un homme assis tient une cruche sur ses genoux, et une pipe de la main gauche. Deux pièces.

251 — *Hollar.* Le Giorgion, Aldegrever, V. de Helle, Chambert, etc.

252 — Cinq pièces d'après Berghem.

253 — Trente-trois pièces gravées d'après Terburg, Ostade et autres maîtres hollandais.

254 — Quarante pièces gravées d'après Peters Schenau, Norblin, etc., etc.

255 — *Rembrandt* (D'après). Treize pièces gravées à la manière noire.

256 — *Suyderoëff.* Les trois commères, d'après Ostade. Belle épreuve avant les angles gravée pour la rendre carrée.

257 — Trente-trois pièces d'après Rubens et Van-Dyck.

258 — Seize pièces par des graveurs étrangers, dont portraits de Charles IX, Marie Stuart, etc., par J. Aman, Matheo Florini, Vorsterman, P. de Jode, J. Gole et Vertue.

259 — Charles IX, Spinola, duc de Bourgogne, Clément IX, Charles V, etc. Huit portraits, par *Enée Vico, Suyderhoëff,* Pontius, Muller, etc.

260 — *Ecole des Pays-Bas.* Paysages, par divers maîtres.

2ᵉ PARTIE DU CATALOGUE.

Portraits, Sujets historiques et topographiques.

PORTRAITS DE PERSONNAGES FRANÇAIS, GRAVÉS PAR DES ARTISTES FRANÇAIS.

261 — *Vocriot.* François d'Agousto, 1554. Plus un portrait de Rabelais pour ses œuvres publiés en 1651.

262 — Henri III représenté en pied, couvert d'une armure, dans une bordure surmontée des armes de France. Cette pièce, sans nom de graveur, tient de la manière de *René Boivin.* Autre portrait de Henri III, à mi-corps, pour les hommes illustres de Thevet.

263 — *Léonard Gaultier.* L'Hopital, Pierre Camus, duc de Mercœur, Marie de Médicis, de Gondy, Ronsard, Amyot; duc d'Epernon, Pierre de Besse, etc. Vingt-neuf portraits, plusieurs d'après Dumoustier.

264 — *Thomas de Leu.* Portrait de Henri IV dans un monument architectural; au bas la bataille de Fontaine, gravée en 1596 d'après Fornazéris. Très belle et rare épreuve.

265 — *Thomas de Leu.* François I*er*, Charles IX, Louise de Lorraine, Bouillard, Charon, Caron, peintre, et autres personnages seigneurs de la cour de Henri III et celle de Henri IV. Trente-cinq portraits.

266 — Portraits de Henri II, Henri III et Henri IV, par Thomas de Leu, Léonard Gaultier, Montcornet et autres. Vingt-sept pièces.

267 — Charles IX gravé en 1574, à l'âge de quinze ans; autres portraits français gravés par Jac. Grandthôme, Gaspard Isaac, C. de Malery, A. Jacquard, Fornazeris, Tavernier, A. Vallée, 1585, etc. Vingt-sept portraits, plusieurs d'après Dumoustier.

268 — Vingt et un différents portraits de Louis XIII gravés par Léonard Gaultier, 1615; J. Briot, 1618; J. Leclerc, Daret, 1643; Huret, Montcornet, et autres.

269 — *Callot.* Louis XIII et le duc de Lorraine. Deux pièces.

270 — *Jean Le Clerc le jeune fecit.* Portrait en pied de Marie de Médicis en costume de veuve. Au bas quatre vers, *Voicy*..... *I. Le Clerc excudit avec P. du R.* Rare.

271 — *Bosse.* Portrait de Louis XIII. Par *Falk*, portraits de Louis XIII et Louis XIV. Trois pièces.

272 — *A. Bosse.* Louis XIII et réception des chevaliers du Saint-Esprit. Sept pièces.

273 — *Lasne* (Michel). Grande thèse dédiée à Richelieu, avec son portrait, d'après Le Brun.
274 — *Lasne* (Michel). Grande thèse dédiée à Richelieu, avec son portrait, d'après Diepembecke. Rare.
275 — *Lasne* (Michel). Anne d'Autriche, Mazarin, Charon, Corneille en 1644, et autres personnages de tous états du règne de Louis XIII. Plus le portrait de Michel Lasne gravé par Habert en 1700. Soixante-dix pièces in-8.
276 — *Lasne* (Michel). Louis XIII, Louis XIV enfant, Anne d'Autriche, Richelieu, Mazarin, Le Tellier, Servin, Everardi, Jabach (1) 1652.
277 — *Pesne*. Portrait de Conte, sculpteur. *Pesne pinxit et sculpsit.* Rare.
278 — *Morin*. P. Lecamus, comte d'Harcourt, Christophe et Augustin de Thou, Ch. de Valois, etc. Huit pièces.
279 — Louis XIII, Henri II, Maugis, etc.; François 1er, de Montaigne, etc. Douze pièces par Morin.

(1) Possesseur d'une collection de dessins de maîtres italiens, principalement des Carraches. Cette collection a été gravée et est connue sous le titre du cabinet Jabach ou *Recueil de 283 estampes gravées à l'eau-forte par les plus habiles peintres du temps, d'après les dessins des grands maîtres que possédait autrefois M. Jabach, et qui, depuis, ont passé dans le cabinet du Roi*, publié en 1754, gravés par Pesne, Massé et les frères Corneille, qui ont fait tous les calques des dessins pour la gravure.

280 — *Grégoire Huret.* Portraits allégoriques, Louis XIII, Seguier, grande thèse dédiée à Mazarin en 1647, etc. Dix pièces.

281 — *Ecole françoise XVIIe et XVIIIe siècles.* Seize pièces à l'eau-forte : N. Poussin, par *Ferdinand;* Hautman, par *S. Bernard ;* Marolles et Lavoisin, par *Coypel ;* Oudry, gravé par sa femme; Boudan et Patin, par *Lefebure ;* Boucherat, par *Chauveau*, et autres par *P. Vallet*, 1608; *Ducanel*, 1709; *Le Lorrain*, 1742; *Restout* et *Boissieu.* Cet article sera divisé.

282 — Louis XI, Louis XIV, le duc d'Enghien, le prince de Condé, de Vendosme, de Schomberg, Louis de Bourbon, de Toiras. Dix portraits équestres, par *Montcornet.*

283 — *Mellan.* Anne d'Autriche, Richelieu, Mollé et autres personnages du règne de Louis XIII, célèbres dans l'église et la robe; Louis XIII recevant le Parlement, etc. Vingt-quatre pièces.

284 — *Du même.* Trente-six portraits : personnages français, époque de Louis XIII.

285 — Cent soixante-quatorze portraits des suites, édités par *Daret* et *Boissevin.*

286 — Deux cent dix-neuf portraits des suites, édités par *Montcornet.*

287 — Cinquante-quatre portraits édités par *Montcornet*, *Larmessin* et *Boissevin.*

288 — Seguier, Ch. de Laubespine, gardes des sceaux, etc. Treize portraits par *Van Merlen, Bazin, Landry, Grignon, R. Lochon, Daret, Roussel, Ragot, Gantrel* et *François.*

289 — Quarante portraits de personnages français, par des graveurs français, tels que *B. Moreau, 1846; K. Audran, J. Picart, Grignon, J. David, G. Le Brun, Couvay, J. Briot, Boullonnais, Frosne, Rousselet, L. Moreau, Paul Roussel, I. Baronius, Daret,* etc.

290 — *Masson.* Brisacier, Le Nôtre, Dormesson, etc. Cinq portraits.

291 — *Nanteuil.* Richelieu, Mazarin, Colbert, Seguier, Letellier, Perefixe, etc. Trente-neuf portraits.

292 — *Nanteuil et Masson.* Quinze portraits.

293 — *Edelinck.* Colbert, Letellier, Léonard, Pascal, etc. Douze pièces.

294 — *Edelinck.* Dix portraits de personnages français ; de ce nombre un par *Roullet.*

295 — *Drevet.* Robert de Cotte, Boileau, cardinal Fleury, B. Keller, G. de Vintimille, etc. Vingt-deux portraits.

296 — Bossuet d'après Rigaud, par *Drevet.*

297 — Louis XIV d'après Rigaud, par *Drevet.*

298 — *Drevet.* Cinq portraits.

299 — *Vanschuppen.* Neuf portraits.

3

300 — Vingt-deux portraits gravés par *Pitau*, *Audran*, *Lombart*, *Hainzelman*, *Roullet*, *Daullé*, *Regnesson*, *R. Lochon*, etc.

301 — Fénelon, Villeroy, le Régent, Henriette d'Angleterre, madame de Maintenon, etc. Quatorze portraits, par *Dufflos*, *Sauve*, *Lombart*, *Gallimard*, etc.

302 — Alexandre VII, Letellier, Angélique Arnauld, etc. Seize portraits, par *Roullet*, *Vanschuppen*, *Pitau*, *Boulanger*, etc.

303 — Quinze portraits, personnages français, gravés par *Humblot*, 1644 ; *Grignon*, *de la Roussière*, *P. Simon*, *Vouillemont*, *Rousselet*, l'enfant, la dame, etc.

304 — Le Régent, Ch. d'Orléans, Pardaillon, de Gondrin, etc. Quatre portraits, par *Chereau*, *Simoneau* et *Tardieu*.

305 — Le duc de Chartres, le duc de Penthièvre, Berton, etc. Onze portraits, par *Gaillard*, *Larmessin*, *Chevillet* et *Daulé*.

306 — Dix portraits, dont Pierre Corneille, gravé en 1663 par *G. Vallet*, d'après Paillet, N. Verieu, par *Edelinck*, épreuve avant le nom du graveur, et autres portraits par *G. Edelinck* et *Drevet*.

307 — Quarante-cinq portraits, dont madame de Pompadour, madame de Graffigny, Mme Duchatelet, duchesse de Nemours, Molière, etc., gravés par *Mariette*, *Trouvain*, *Vermeulen*, *Saint-Aubin*.

308 — Cent trente-deux portraits des suites de *Desrochers* et *d'Odieuvre*.

309 — Portraits de Coypel, Hérault, Flisius, de Boze, Flamenville, Rabelais, Boudan, Delamothe, Bossuet, Delaroche, Harcourt, Gantrel, Loyson, etc. Vingt-quatre pièces gravées à la manière noire, par *Sarrabat*, *Bernard*, *Bouys*, etc.

310 — Cent vingt-deux portraits de personnages savants et artistes de la fin du XVIII° siècle, dessinés par *Cochin*.

311 — Vingt-deux portraits de membres de a so ciété d'Apollon, par *Cochin*.

312 — Treize portraits d'hommes célèbres, gravés en manière noire, plusieurs imprimés en couleur, par *Dagoty*.

313 — *La Lire de Jully*. Portraits d'hommes célèbres français. Vingt-sept pièces à l'eau-forte.

314 — Costume de messieurs et mesdames à la mode, par Bonnart. Cinquante-cinq pièces; plus cinq costumes, par Carmontel.

315 — *Wille*. Belidor et deux portraits de J. G. *Wille*, par Ingouf et Muller.

316 — *Wille*. Le comte de Saint-Florentin, d'après Tocqué. Epreuve avant le mot ministre, Houdancourt, avant la lettre, etc. Trois pièces.

317 — *Balechou*. Crebillon, etc. Quatre pièces.

318 — J.-B. Rousseau, Crebillon, Guérin, Berrier, Neuville, Lowendal, etc. Onze portraits, par *Balechou*, *Wille*, *Schmidt*, etc.

319 — Vingt-quatre portraits, par *Fiquet*, *Savart*, *de Marcenay*. Belles épreuves.

HISTOIRE DE FRANCE.

PORTRAITS DE PERSONNAGES FRANÇAIS DE TOUS ÉTATS.
FORMAT IN-FOLIO.

320 — A. n° 1. Quinze portraits : Jeanne-d'Arc, Anne d'Autriche, etc.

321 — Vingt-neuf portraits : Arnauld, Argenson, Alembert, etc.

322 — B. n° 1. Vingt portraits, dont Bayle.

323 — Vingt portraits : Jean Bart et Baron, etc.

324 — Vingt-six portraits : Bernis, Berton, Bignon, etc.

325 — B. n° 2. Vingt-neuf portraits : Boucherat, Boileau, Broglie, Buridan, etc.

326 — Vingt et un portraits : Broussel, Buffon, Boguau, etc.

327 — C. Vingt portraits : Colbert, etc.

328 — Vingt portraits : Condé, etc.

329 — Dix-huit portraits : Choiseul, etc.

330 — Trente-huit portraits : Catinat, Chauvelin, Castelnau, Castanier, etc.

331 — D. Vingt-neuf portraits : Descartes, Diderot, Ducis, etc.
332 — Vingt-cinq portraits : Dunois, Duperron, etc.
333 — E. F. Vingt portraits : Fouquet, Fleury, etc.
334 — Vingt portraits : Fénelon, d'Estrée, etc.
335 — Dix-neuf portraits.
336 — G. H. Vingt portraits : Henri IV, d'Hervilly, etc.
337 — Vingt portraits : Henault, d'Hozier, Harlay, Girardon, etc.
338 — Dix-sept portraits : duc de Gesvres, Gaultier, comte de Guerchy, comte de Guignes.
339 — I. J. K. Onze portraits : Juigné, Janson, Jaillot, Jordan, etc.
340 — L. Dix-neuf portraits : Louis XIII et Louis XIV.
341 — Vingt et un portraits : Louis dauphin et la dauphine.
342 — Douze portraits : Louis XV.
343 — Quinze portraits : Louis XVI et son exécution. Pièce rare.
344 — Trente portraits : Lachalotais, Lamothe, Lalande, Lachaussée.
345 — L. Vingt-cinq portraits : cardinal de Lorraine, Lesdiguières, Letellier, Le Lionne, etc.
346 — Vingt portraits : Lhopital, P. Lescot, 1655, etc.
347 — M. Dix-sept portraits : reines de France.
348 — Vingt-six portraits : Mazarin, Marillac, Maupertuis, Maroulles, etc.

349 — Trente-sept portraits : Montesquieu, Molière, Montluc, Moreri, etc.
350 — N. O. Trente portraits : Ph. d'Orléans, régent, Orry, Nouailles, Necker, etc.
351 — P. Q. Trente-six portraits : Pascal, les frères Paris, etc. Vingt-cinq portraits de Polignac, Poncet, Quinault, Quesnel, etc.
352 — R. Dix-sept portraits : J. B. et J.-J. Rousseau, etc.
353 — Dix-neuf portraits : familles des Rohan, des Rostaing, etc.
354 — S. Trente portraits : Pierre Seguier, etc.
355 — Trente-neuf portraits : Sully, le maréchal de Saxe, Santeuil, R. Secousse, etc.
356 — T. Vingt-trois portraits : de Thou, Turenne, comte de Toulouse, etc.
357 — Vingt portraits : l'abbé Terray, Tallemant, etc.
358 — U. V. Vingt-quatre portraits : Vendôme, Villemonte, etc. Douze portraits, dont saint Vincent de Paul, par Baquoy.
359 — Trente portraits, dont Voltaire.
360 — Iconographie française, iconographie des contemporains de 1789 à 1820 ; célébrités contemporaines, orateurs chrétiens. Trois cent quatre-vingt-dix portraits avec *fac simile* d'écritures. Suites publiées par la maison Delpech.
361 — Personnages français, la plupart contemporains. Cinq cent dix portraits lithographiés et classés de la lettre A à Z.

HISTOIRE DE FRANCE.

PORTRAITS DE FORMAT IN-8° CONTENUS DANS DES CARTONS BOÎTES.

361 bis. A. Boîte n° 1. Deux cent quatre-vingt dix-huit portraits.
362 — B. Boîte n° 1. Deux cent quarante-trois portraits.
363 — Boîte n° 2. Deux cent trente-quatre portraits.
364 — Boîte n° 3. Trois cent cinquante-cinq portraits.
365 — C. Boîte n° 1. Deux cents portraits.
366 — C. Boîte n° 2. Trois cent quatre-vingt-dix-huit portraits.
367 — C. Boîte n° 3. Trois cent treize portraits.
368 — C. Boîte n° 1 contenant deux cent dix-neuf portraits de rois de France, depuis Charles Martel jusques et y compris Charles IX.
369 — D. Boîte n. 2. Deux cent soixante portraits.
370 — D. Carton n. 1. Deux cent quarante-quatre portraits.
371 — E. Boîte n. 1. Cent portraits.
372 — F. Boîte n. 1. Trois cent vingt-six portraits.

373 — G. Boîte n. 1. Deux cent quatre-vingts portraits.

374 — H. Boîte n. 1. Trois cent dix-neuf portraits dont ceux de Henri II à Henri IV.

375 — I. et J. Boîte n. 1. Cent soixante-quinze portraits.

376 — K. L. Boîte n. 1. Cinq-cent cinq portraits.
— Boîte n. 2. Deux cent soixante-dix portraits.
— Boîte n. 3. Quatre cent quarante-trois portraits.

377 — L. Boîte n. 1. Trois cent vingt-six pièces. Louis XIV, Louis XV, Louis XVI, Louis XVII, Louis XVIII et Louis-Philippe I*er*, et divers sujets sur les événements de leur règne.

378 — Louis XIV. Plusieurs portraits et scènes historiques relatifs à son règne. Trente-trois pièces gravées du temps.

379 — Louis XV, le Dauphin. Portraits de Damiens, etc. Treize pièces.

380 — Boîte n. 1. Trois cent deux portraits.

381 — Boîte n. 2. Deux cent quarante-huit portraits.

382 — Boîte n. 3. Deux cent quarante-deux portraits.

383 — N O. Boîte n. 1. Cent soixante-dix-neuf portraits. Famille d'Orléans.

384 — P. Boîte n. 1. Deux cent trente-neuf portraits. Les Diacres, Paris, et leurs miracles.

385 — Boîte n. 2. Deux cent quatre-vingt-trois portraits.
386 — R. Boîte n. 1. Cent quatre-vingt douze portraits.
387 — Boîte n. 2. Cent quatre-vingt-quatorze portraits.
388 — s. Boîte n. 1. Cent cinquante-un portraits.
389 — Boîte n. 2. Deux cent dix-sept portraits.
390 — T. U. Boîte n. 1. Deux cent trente-cinq portraits.
391 — v. Boîte n. 1. Trois cent quarante-sept portraits, ceux de Voltaire et divers sujets le concernant.

PORTRAITS

DE PEINTRES, GRAVEURS SCULPTEURS, ARCHITECTES, ETC., FRANÇAIS ET ÉTRANGERS.

392 — *Ecole française*: Portraits d'artistes, dont Simon Vouet, par *Perrin*, Watteau, par *Boucher*, d'Azincourt, par *Moyreau*, Perronet, par *Desprez*, Liotard, par lui-même, et les portraits de Lafleur, Le Paultre, S. Bernard, Chardin, Lantara, Puget, etc. Vingt-trois pièces.
393 — Portrait de Jacques Stella, gravé à l'eau-forte, par C. Stella. Belle épreuve.

394 — Cinquante-neuf portraits in-folios des peintres, sculpteurs, graveurs et amateurs qui composaient l'ancienne Académie de peinture de 1699 à 1700.
394 — *Architectes français.* Mansard, Keller, de Pilles, Perronet, Constant d'Ivry, etc. Dix-neuf portraits.
395 — *Sculpteurs français.* Puget, Guillain, Le Lorrain, Van-Clève, Sarrazin, Coyzevoix, Girardon, etc. Dix-neuf pièces.
396 — *Portraits de graveurs.* Pesne, Callot, Masson, Chauveau, Edelinck, etc. Neuf portraits.
397 — *Peintres étrangers.* Raphaël, André del Sarte, Rembrandt, Wouvermans, Teniers, Dietricy, etc. Douze pièces.
398 — Quarante-cinq portraits de peintres, sculpteurs et graveurs.

ACTEURS ET ACTRICES.

399 — *Acteurs et actrices* de l'ancien théâtre de l'hôtel de Bourgogne, du Théâtre-Français de l'Académie royale de musique, etc., dont Gautier Garguille, Gros Guillaume, Gandolein, Dancourt, Préville, Crépin, Dumirail, mesdames Thérèse Villette, Maillard, Clairon, Colombe, etc. Trente neuf portraits. Rares.

400 — Brizard, Lekain, Mollé, mesdames Clairon, Pelissier, Sallé, etc. Douze portraits d'acteurs et d'actrices de la Comédie française et de l'Académie royale de musique avant l'année 1800.
401 — *Acteurs dramatiques* des théâtres de Paris. Trente pièces lithographiées.
402 — *Acteurs et actrices* avant le dix-neuvième siècle représentés dans divers rôles. Quarante-cinq pièces gravées en couleurs, par *Janinet*.

PORTRAITS FRANÇAIS.

GRAVÉS ET LITHOGRAPHIÉS, DE 1780 A 1845.

403 — Quatre-vingt-huit portraits. Généraux, hommes de lettres, etc., gravés de 1780 à 1800.
404 — Cent quatre-vingts portraits lithographiés de personnages français la plupart contemporains. De la lettre A à Z.
405 — Cinq cent trente-six portraits des personnages français de tous états anciens et modernes, gravés et lithographiés dans le dix-neuvième siècle.
406 — Cent cinquante portraits des membres de l'Académie, lithographiés par Boilly.
407 — Quatre portefeuilles et un paquet de portraits divers non classés.

Portraits de Personnages étrangers.

FORMAT IN-FOLIO.

ITALIE.

408 — Quatre-vingt-deux portraits de papes, des Médicis, artistes, conclaves, etc., du XVe au XVIIIe siècle.

PAYS-BAS.

409 — Comte de Flandre, 35 portraits. — Comte de Nassau, 48 portraits. — Aremberg, Isabelle, Ferdinand d'Autriche, etc. — 7 portraits d'après Van Dyck. — Bouma, Philippe Ier et sa femme, 10 portraits, par Suyderohëff, Fruitiers, R. Colin, etc. — Portraits, divers Hollandais, Houbraken, P. de Jode, etc. Cet article sera divisé.

410 — HISTOIRE D'ANGLETERRE. Elisabeth, par Hondius, 1632, Marie Stuart, par Couvay, Cromwel en buste, par Lombart, etc.

411 — La reine Elisabeth d'Angleterre. Elle est représentée tenant les insignes de la royauté, et assise sur un riche trône surmonté des armes d'Angleterre et de chaque côté du trône des petits écussons tenus par des lions dans lesquels on lit les lettres E R., sont-ce les initiales du graveur qui n'est pas nommé. Des figures allégoriques à la science et des ornements dans le goût

de l'école de Fontainebleau entourent le portrait. Au bas une cartouche où se lit six lignes d'écritures, *Clemens.... Perrein. An° Dni*, 1579. Belle pièce, in-fol. Elle est très rare.

412 — *Histoire d'Angleterre.* Douze portraits dont Charles Ier, Jacques III, Marlborough, Georges II, Pitt, etc.

413 — Vingt-six portraits gravés, dont Garick, à la manière de personnages anglais, d'après des peintres et par des graveurs anglais.

414 — Dix-sept portraits, dames anglaises, gravés à la manière noire.

415 — Trente portraits de dames de la noblesse d'Angleterre, gravés en manière noire, d'après P. Lely et Kneller.

416 — Huit portraits, noblesse d'Angleterre, gravés en manière noire, d'après *Reynolds*.

417 — Portraits gravés en manière noire, d'après Kneller, P. Lelly, Reynolds et autres.

418 — Cinquante-deux portraits de personnages anglais des XV°, XVI° et XVII° siècles, gravés d'après Van-der-Welf, p ar*Drevet* les *Audran*, etc., pour l'histoire d'Angleterre de La Rey.

419 — HISTOIRE D'ALLEMAGNE. Quatorze portraits par *Van Sompelen*.

Dix-neuf portraits gravés en manière noire.

Quarante et un portraits de personnages des quinzième, seizième et dix-septième siècles, souverains, etc. Vingt portraits dix-septième et dix-huitième siècles.

ETRANGERS.

420 — *Danemark*, 5 portraits dont Christian VI. — *Espagne*, 22 portraits, Charles II, Charles III, Charles IV et Charles V. *Pologne*, 9 portraits, Wladislas IV, Sigismond III, Kosciusko. — *Russie*, Catherine, Menschikow, Alexandre. — *Suède*, 10 portraits, Gustave Adolphe. — *Orient*, 3 portraits. — *Amérique*, 21 portraits, Franklin, Washington, etc.

PORTRAITS IN-8°.

421 — *Histoire d'Angleterre*. De la lettre A à Z. Sept cent quatre-vingt-sept portraits.

422 — *Italie*. Etat du Pape. Papes et cardinaux, trois cent quatre-vingt-un portraits.

423 — La Toscane et la Sardaigne, et autres Etats du Nord de l'Italie. Trois cent quatre-vingts portraits.

424 — Cent soixante-douze portraits de divers Etats d'Italie.

425 — Empereurs et impératrices romains. Trois cents portraits.

426 — *Espagne et Portugal*. Cent cinquante portraits.

427 — *Allemagne*. Cent soixante-douze portraits des empereurs d'Allemagne. A à Z.

428 — Cinquante-neuf portraits d'archiducs et archiduchesses. A à z.

129 — Soixante-neuf portraits de divers Etats d'Allemagne. A à z.

130 — Cent sept portraits pour l'empire d'Autriche. A à z.

431 Deux cent cinquante portraits de divers états d'Allemagne. A à z.

Cent quatre-vingt-dix portraits : A à z.
Suisse, Suède, Danemark.

133 — *Suisse.* Cent trente-quatre portraits.
434 — *Suède.* Quatre-vingt-quatorze portraits.
435 — *Danemarck.* Quarante et un portraits.
Pays-Bas, Hollande, Belgique.
436 — Trois cent vingt-cinq portraits dont les comtes de Flandres et les Nassau.
437 — Deux-cent cinquante-deux portraits divers. A à z.

RUSSIE ET POLOGNE.

438 — Cent quatre-vingt-quinze portraits dont souverains depuis Pierre Ier jusqu'à Alexandre.
439 — Cent vingt-cinq portraits pour la Pologne.
440 — Vingt-neuf portraits sans noms de personnages.

Pièces historiques sur l'histoire de France,

RÈGNES DE LOUIS XIV, LOUIS XV, LOUIS XVI, LA RÉPUBLIQUE ET L'EMPIRE, PORTRAITS DE NAPOLÉON ET SA FAMILLE, CARRICATURES POLITIQUES, COSTUMES, ETC.

441 — Histoire des ducs de Bretagne. Vingt-trois piéces gravées par *Pitau*. Plus sept pièces des funérailles de Charles de Lorraine à Nancy.

442 — Thèses dédiée à Louis XIV, à Boucherat et et autres personnages, ministres, théologiens, etc. Quinze pièces.

443 — Grands portraits de Louis XIV, Louis XV, princes étrangers, etc. Dix-sept pièces.

444 — Pièces historiques et portraits divers des règnes de Louis XIV et Louis XV. Quinze pièces in-folio.

445 — *République française.* Assassinat de Marat, portraits de Charlotte Corday et généraux de la République, représentés en pied.

446 — *République française.* Assassinat de Marat et son portrait, assassinat de Le Pelletier, Bœuf à la Mode, le Porte-Drapeau de la République, etc. Neuf pièces.

447 — Duc d'Orléans, d'après Reynolds, Necker, par Saint-Aubin, monument à Desaix, par Lélu, généraux en pieds de la République. Seize pièces in-folio.

448 — Pièces historiques sur la Révolution de 1789 et l'Empire. Huit pièces.
449 — L. Portefeuille contenant des batailles et pièces historiques.
450 — Portraits de Napoléon à diverses époques de sa vie. Deux cent sept pièces.
451 — Portraits de ses frères, et divers sujets sur Napoléon, son séjour à Sainte-Hélène, sa mort, etc.
452 — Portraits de Joséphine, dix-neuf pièces de Marie-Louise, trente-huit du roi de Rome, et du duc de Reichstadt, vingt-trois.
453 — Caricatures politiques de 1811 à 1815, contre Napoléon, contre les alliés, contre les Anglais. Cent treize pièces. Plus trois pièces, jeu de la Drogue, par H. Vernet, et cinq pièces, par Marlet.
454 — Un portefeuille contenant des costumes de l'Empire et costumes de modes, etc.
455 — Quarante-quatre dessins, fêtes publiques, etc.
456 — Caricatures et événements politiques, costumes, scènes de mœurs, etc. Cent vingt-neuf pièces.

Topographie de France et d'Italie.

457 — Portefeuille n. 1, contenant des cartes des Gaules, de la France, etc.

458 — Un lot d'anciennes cartes et atlas géographiques.
459 — A et B. Arras, Bordeaux, etc.
460 — c. Caen, Chambord, etc.
461 — E F. Vues diverses sous ces deux lettres.
462 — L. Languedoc, Lyon, etc.
463 — M N. Malmaison, Nancy, etc.
464 — P. Trois portefeuilles pour *Paris*. Plans de Paris de Defer, divers autres plans de Paris, sous Louis XIII et Louis XIV.—Eglises et paroisses, ponts, portes, places, fontaines, Palais, les Thermes, le Louvre, les Invalides, etc. Hôtels et maisons de Paris.
465 — O P Q R. Orléans, Rouen, Rambouillet, etc.
466 — Lettre s à v, dont Strasbourg.
467 — Un portefeuille contenant des vues de châteaux de France, par Perelle, et pièces détachées de diverses galeries.
468 — Trente-cinq pièces, vues de Rome, et candelabre, par Piranèse.
469 — Un portefeuille contenant des plans, monuments et vues de villes d'Italie.

Estampes diverses sur l'histoire ancienne.

470 — Portefeuille contenant des portraits et vignettes, pour l'Histoire ancienne, ancien et nouveau Testament, histoire lit-

téraire de la Grèce, grands hommes de l'antiquité.

471 — Vingt-sept portraits divers dont les Césars; gravés par les Sadeler.

572 — Trois portefeuilles contenant divers portraits et sujets sur les Pères du Désert, histoire romaine littéraire, etc.

473 — *Saints et saintes.* Dix-sept apôtres par *Pitau*, et saint Benoît, par le même. Treize apôtres d'après Lucas Ciamberlano. Quarante-un saints, par divers artistes.

474 — Une liasse de brochures, catalogues, notes diverses sur les beaux-arts, sur les graveurs, etc.

475 — Tous les articles omis.

OBJETS DE CURIOSITÉ

Qui seront vendus le ~~Lundi 14 juin~~ *mardi 1er février*, à 3 heures.

476 — Une urne cinéraire en bronze, avec bas-reliefs, par Jean Cousin, ayant renfermé le cœur de Bayard, commandée par François Ier; d'après la note de M. Alex. Lenoir.

477 Un petit buste de Mirabeau, en bronze, sur socle en marbre griotte d'Italie.

478 Deux petits bustes : Henri IV et Catherine de Médicis; bronzes anciens.

479 — Quatre anciens vitraux ronds, peints en grisailles.

480 — Cinq fragments d'anciennes cloches en cuivre, avec bas-reliefs.

481 — Deux verroux du château d'Écouen, et une belle clef en fer.

482 — Deux Cimbales, ancienne fonte de cuivre.

483 — Quatre lampes, trois figurines et deux vases antiques en terre cuite.

484 — Une coupe antique en terre de Nola, et plusieurs pièces en bronze, telles que bracelets, agrafes, fibules etc., également antiques.

485 — Corneille et Molière, bustes en marbre blanc.

486 — Un beau portrait en pied de Bossuet, d'une parfaite exécution et bien ressemblant.

487 — Une terre cuite, sujet d'un géographe.

488 — Une terre cuite, autre sujet.

489 — Trois bustes en terre cuite.

490 — Le buste de Boileau Despreaux, en terre cuite, d'une parfaite exécution.

491 — Deux vases à goudrons en porphyre rouge oriental.

492 — Un modèle de bénitier en terre cuite, exécuté par M. Bion.

493 — Combat de deux chiens, en terre cuite.

494 — Esquisse d'un monument des derniers instants de Turenne.
495 — Buste en terre cuite, par Rassimus 1769.
496 — Le buste de Jean Jacques-Rousseau en terre cuite, par Martin.
497 — Portrait d'un abbé.
498 — Portrait d'Henri-IV.
599 — Deux buires et deux bustes en albâtre.
500 — Un portrait en terre cuite et un autre en marbre blanc.
501 — Deux bustes en plâtre de Buffon et de sa fille.
502 — Un grand bureau à quatre faces en bois noir avec filets et ornements en bronze.
503 — Un *idem* en bois de rose orné de bronzes.
504 — Un petit cabinet à tiroirs en bois de palissandre et ébène, orné de filets et plaques en ivoire gravées, représentant divers sujets de l'ancien testament.
505 — Une boîte contenant un fragment du cercueil de Sully.
Idem d'Héloïse et d'Abeilard.
Idem du duc d'Enghien.
Idem de Jean-Jacques Rousseau, de Molière, de Lafontaine de Boileau Despréaux et du cardinal de Lorraine.
Des bandelettes de momie.
Une pierre de la Bastille.
Plusieurs autres objets ayant appartenu à l'empereur Napoléon, avec une note

authentique de M. Alex. Lenoir, ancien conservateur des monuments français.

506 — Un petit coffre en filigrane de verre.
507 — Un nécessaire et un couvert chinois.
508 — Une râpe à tabac en ivoire sculpté et une loupe.
509 — Une arquebuse garnie en ivoire.
510 — Un arc et une lance.
511 — Un yatagan, garniture en cuivre.
512 — Un casse-tête en pierre et deux instruments de sauvages, en bois.
513 — Une collection de médailles en bronze antique et moderne, dont des grands médaillons avec portraits historiques qui seront divisés.
514 — Un morceau de cristal de roche, une boule en agathe et plusieurs autres cailloux d'Egypte, etc.
515 — Collections de coquilles et de minéraux qui seront détaillés.

Imprimerie Maulde et Renou, rue Bailleul, 9-11.

www.ingramcontent.com/pod-product-compliance
Lightning Source LLC
Chambersburg PA
CBHW030052230526
45471CB00003B/1053